普通の料理がセンスよく
おいしそうに見える

盛りつけ
エブリデイ

はじめに

普段、ごはんを作るときに意識しているのは盛りつけです。盛りつけの仕方ひとつで料理は大きく変わります。見た目がよいということはつまり「おいしそう」ということで、食欲が湧くということです。食事は毎日のことなので大変ですが、せっかく作った料理が食べてもらえなかった、じゃ寂しいですよね。盛りつけが決まると家族も喜びますし、自分も自信を持って料理を出せるようになると思います。

僕は野菜を多めに盛りつけることが多いのですが、この野菜多めをどうやってきれいに見せられるか？　これが盛りつけを意識し始めたきっかけでした。このおかげで料理の配置の仕方や色のバランスなどを意識するようになったと思います。

今回ここに掲載している盛りつけの方法は、料理ができる人にとっては当たり前と思うことが多々あるかもしれません。ですが、SNSなどで料理写真を投稿したいと思う人にとって、おうちごはんの盛りつけ方というのは、とても興味のある知りたい分野だと思います。高いレストランなどに行って料理写真を撮影しなくても、自分の料理をすてきに投稿できれば、それが一番リーズナブルだし、毎日できていいですよね。

日々のごはんにワクワクした気持ちを持たせてくれるのも盛りつけの醍醐味です。格式高いレストランのような盛りつけは必要ありませんが、少しの工夫で料理を楽しく、おうちごはんをよりよくしていきたいですね。

皆さまの食卓に、たくさんの笑顔があふれますように!

植木俊裕

僕の器と盛りつけの道具

僕が持っている器は、ほとんどが直径25〜27cmのやや大き目の丸い平皿です。なぜこのサイズかというと、ワンプレートも、大皿盛りもできるからです。器はあえて1枚ずつ違うものを買っています。いろんな器がテーブルに並ぶことで、コーディネートする楽しみが増えると思っているのと、旅先で出会って買うことが多いからです。

ウェブショップを開いて器も取り扱っているからか、「どんな器がおすすめ?」と質問されることが多くなりましたが、「真っ白ではない平皿ならなんでもいい」とお答えすることが多いです。なぜなら、そういった平皿は和食でも洋食でも受け止めてくれるから。真っ白でない少しニュアンスのある色の器は、料理に手作り感を与えてくれます。買ってきたお惣菜だとしてもニュアンスのある器だと、それだけでグンとおいしそうに見えます。高価だからいいということではありません。僕の器だって安いものもありますしね。

ここでは僕のお気に入りの器と、盛りつけに使う道具を紹介します。

お気に入りの器

僕が今一番気に入っている丸い平皿コレクションはこちら。旅先で出会い、つれて帰ったものも多いです。

1 昔ノルウェーを旅したときに、アンティークショップで買った器。「あ、これ使える!」と思って、サイズ違いでいろいろ買いました。

2 陶芸家・阿部春弥さんの器。同じ長野県出身で同世代ということで、シンパシーを感じています。この器は磁器なのでとても丈夫。阿部さんの作品は、いろいろな料理を受け止めてくれます。

3 イタリアの「mezzo（メッツォ）」の陶器の器。釉薬を手でかけているので、この自然なギザギザ模様が生まれます。

4 フランスの「Jars（ジャス）」の器。フランスの展示会にいったときに一目ぼれし、家に持ち帰りました。実際に使ってみると本当に便利で、料理を引き立ててくれることに気がつき、今では僕のウェブショップでも取り扱うほどに入れ込んでいます。

5 インテリアショップ「コレックス・リビング」とともに、僕がデザインした磁器の器（現在完売）。黒い器ですが、周りに白いふちをつけることで少しやわらかい雰囲気に。

プラスアルファの器

普段あまり出番がないけど、いざというときに活躍してくれる器やプレート。個性のある色や柄、形を選ぶことが多いです。

1 木のボードは器代わりによく使うアイテム。木目の表情がひとつひとつ違うので、すぐにほしくなってしまうんです。下の丸いボードは日本のもの。直径30cmと大きいので、人が来る日に大活躍しています。上のボードはフランス製でオリーブの木でできたもの。個人輸入しました。チーズやピンチョス、フルーツなどをよくのせています。

2 フランスの人気セレクトショップで買った器。直径30cmの大皿です。色がシックなので和食でも洋食でもOK。我が家では、人が来たときに手まり寿司をのせてお出しすることが多いです。

3 グレーのものはデンマークのブランドの器。片口なのでたれやドレッシングを入れることが多いです。落ち着きのあるグレーで、おしゃれすぎない感じが気に入っています。持ち手のある器もデンマークのもの。これは入れ子にできて、塩こしょうを入れたり、調理道具としても使っています。

4 こちらもフランスで見つけたもの。このまだら模様がとても新鮮に感じて。少し派手に感じられるかもしれませんが、白と黒のまだらなので、割と何をのせても合うんです。

盛りつけの道具

特別なものはまったく使っていません。ただ、僕は手で盛りつけることがほとんどないので、菜箸とトングは一番使う道具です。

1 先がシリコンになっている木のサーバー。大きすぎないのが気に入っています。

2 旅先で見つけた木のサーバー。こちらは盛りつけにも使いますが、みんなの取り分け用に出すことも多いです。カラフルな持ち手が珍しく感じられて旅先から持ち帰りました。

3 木のスプーン。何かをふりかけたり、トッピングを散らすときに。

4 菜箸2種。通常は長いものを使っていますが、細かく盛りつけたいときは、小回りがきく短いものを。

5 アイスディッシャーは、何かをきちんと丸く盛りつけたいときに便利。ポテトサラダやかぼちゃのサラダを盛ることが多いです。

6 トング2種。穴あきトングは柳宗理デザインのもの。穴があいているので、汁けのあるものに重宝しています。長いほうは先がシリコンになっているもの。すべらないし大きいので、たくさんの量を一度に盛りつけたいときに使います。熱い料理にもおすすめ。

目次

はじめに …………………… 2

僕の器と盛りつけの道具 …… 4
　お気に入りの器／プラスアル
　ファの器／盛りつけの道具

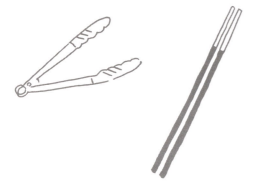

Part 1

ワンプレートに盛りつける …… 11
ワンプレートの基本 ………………… 12
一口かつプレート …………………… 14
干物おにぎりプレート ……………… 16
から揚げプレート …………………… 18
エスニックご飯プレート …………… 20
トーストプレート …………………… 22
盛りつけを彩る 作りおきベスト10 …… 24
　ごぼうとれんこんのきんぴら／紫キャベツのマリネ／
　ほうれんそうのナムル／ミニトマトのマリネ／にんじん
　しりしり／味つけ卵・味つけうずら卵／大学いも
　／大根と塩昆布の浅漬け／かぶのマリネ／塩ゆで
　スナップえんどう
Part1のおすすめレシピ ……………… 28
　とりのから揚げ／エスニックそぼろ

Part 2

お弁当箱に盛りつける……29
- 肉だんご弁当……30
- 二段から揚げ弁当……32
- とりそぼろのっけ弁当……34
- Part2のおすすめレシピ……36
  - 肉だんご／とりそぼろ／卵そぼろ

Part 3

定番料理を盛りつける……37
- ハンバーグ……38
- 白身魚のソテー……40
- アジフライ……42
- トマトスパゲッティ……44
- 肉野菜炒め……46
- グリーンサラダ……48
- Part3のおすすめレシピ……50
  - えびとなすのトマトスパゲッティ／豚肉とカシューナッツの野菜炒め

Part 4

大皿料理を盛りつける……51
- 和食を中心に大皿に盛る場合……52
- 和サラダ……54
- 揚げ物の盛り合わせ……56
- おむすびと巻き寿司の盛り合わせ……58
- 角煮……60
- 洋食を中心に大皿に盛る場合……62
- ピンチョス……64
- シャルキュトリーの盛り合わせ……66
- サンドイッチ……68
- 肉と野菜のグリル……70
- フルーツの盛り合わせ……72
- デザートプレート……74
- Part4のおすすめレシピ……76
  - 厚揚げとじゃこの和サラダ／野菜のフリット／豚と大根の煮物／たこと野菜のピンチョス／チキンのグリルプレート

Part 5

イベントの日のテーブルセッティングと料理 …… 79

ハロウィン ……………………………………………… 80

　ハロウィンにおすすめのレシピ／かぼちゃのグラタン ………… 83

クリスマス ……………………………………………… 84

　クリスマスにおすすめのレシピ／リースサラダ ……………… 87

お正月 …………………………………………………… 88

　お正月におすすめのレシピ／煮しめ ………………………… 91

インスタ映えする盛りつけ 5つのヒント ……………… 92

　赤・黄・緑を揃える／スパイスやトッピングで目をひく／ハーブで色・香り・風味をプラス／ランチョンマットをコーディネートする／野菜の切り方を普段と変える

この本のレシピのルール

・小さじ1は5㎖、大さじ1は15㎖、1カップは200㎖です。

・加熱調理の火加減はガスコンロ使用を基準にしています。IH調理器などの場合は、調理器具の表示を参考にしてください。

・塩は天然の塩、オリーブオイルはエキストラバージンオイルを使っています。

・野菜や果物は特に表示がない限り、皮をむき、種やわたを除いたり、筋を取ったりしています。

Part 1
ワンプレートに盛りつける

僕のインスタグラムで一番ほめられるのが、ワンプレートの盛りつけです。
うちでは、和食でも洋食でも、
直径25cmくらいのワンプレートディッシュにすることが多いのです。
ここではいろんな器を使いましたが、器の直径が大体同じであれば、
同様に盛りつければOK。
いつもの料理がもっと華やかに見えるはずです。

ワンプレートの基本

僕の場合、ワンプレートにするときに心がけているのは、隙間があかないようにすることです。そのほうがボリュームが出て、一体感があると思うからです。そして、ワンプレートの基本はご飯のプレートとパンのプレートでは少し違います。基本の盛りつけ方さえ覚えれば、あとはどんな料理でも一緒。きれいに盛りつけられるようになります。

サラダ

副菜

ご飯

メインおかず

手前が高い

ご飯のワンプレートの基本

手前に高いものがくるように盛りつけます。
・ご飯は器の左下に盛る
・メインおかずは右下に盛る
・サラダは右上に盛る
・副菜はあいているところを埋めるように盛る

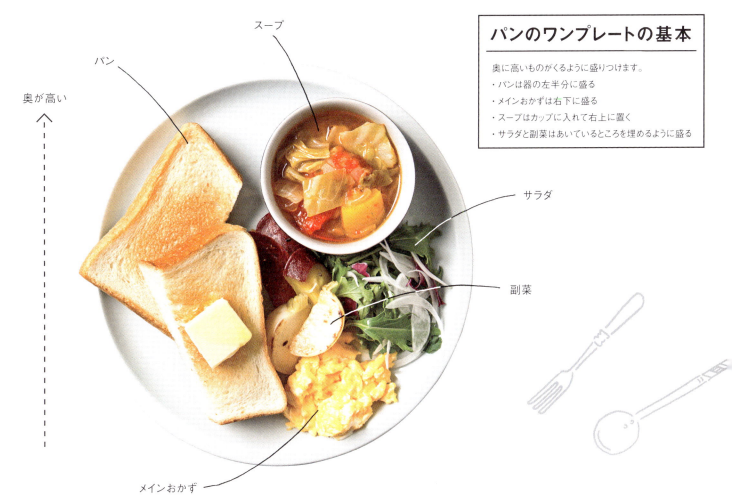

パンのワンプレートの基本

奥に高いものがくるように盛りつけます。
・パンは器の左半分に盛る
・メインおかずは右下に盛る
・スープはカップに入れて右上に置く
・サラダと副菜はあいているところを埋めるように盛る

直径26cmの
濃緑色の丸い平皿に

一口かつプレート

市販のとんかつなどの揚げ物を盛るときこそ、周りを色とりどりに。ご飯もカップなどで形を作って盛り、キチンと。

にんじんしりしり (P26)

塩ゆでスナップえんどう (P27)

味つけ卵 (P26)

ミニトマトのマリネ (P25)

1

温かいご飯を茶碗に入れ、軽く押さえて形を整え、上下を返して器の左下に盛る。

2

サラダをご飯の右斜め上に盛る。

3

ご飯とサラダの間を埋めるように副菜を数種類盛る。味つけ卵とミニトマトのマリネは半分に切って、スナップえんどうは開いてのせる。

4

右下に一口かつを少し重ねて置く。

5

ソースをかつの手前にかける。ソースの上に香味野菜のみじん切りをふり、ご飯に黒ごまをふる。

盛りつけのヒント

とんかつやコロッケ、しょうが焼きなどのおかずとご飯を盛るワンプレートは、全部同様のコツで盛りつけます。副菜は味つけ卵のような、目をひくものがあるとおいしそうに見えますよ。黄身が目立つように切ってから盛りつけて。

直径27cmの
ブルーの丸い平皿に

干物おにぎりプレート

「一口かつプレート」(P14)と基本は同じ。おにぎりは具を見せたり、のりを巻いたりすると華やか。

- ごぼうとれんこんのきんぴら (P24)
- 大学いも (P26)
- にんじんしりしり (P26)
- 塩ゆでスナップえんどう (P27)

干物を器の右側に縦に盛る。干物は大きいので、バランスをとるために最初に置く。

右下に青じそを敷き、おにぎりをのせる。ここでは青じそにしたが、のりを巻いてももちろんきれい。

卵焼きなどもほかの副菜に合わせて一口大に切って、少しずらして盛りつけることで華やかになる。

左上に干物とおにぎりの隙間を埋めるように副菜を盛る。

スナップえんどうを開いてのせる。大根おろしを干物の右下に置き、しょうゆをたらす。

盛りつけのヒント

焼き魚や面積の大きなメインおかずのときも同様に盛ります。おにぎりはどうしても隙間があいて、下の器が見えてしまうので、このように青じそを敷いたり、下に葉らんを敷いたりし、隙間があかないようにするときれいに見えると思います。

直径27cmの
ブルーの丸い平皿に

から揚げプレート

目玉焼きをのせることで一気に華やかに。から揚げは積み上げて高さを出して。

ほうれんそうのナムル
（P25）

ミニトマトのマリネ
（P25）

とりのから揚げ
（P28）

1

ご飯を器の左下に丸く盛る。その際、奥が高く、手前がなだらかになるようにする。

2

サラダをご飯の右斜め上に盛る。色のきれいな野菜は表面に置いて見えるようにする。

3

ご飯とサラダの間を埋めるように、ほうれんそうのナムルを盛り、ミニトマトのマリネを半分に切って反対側に置く。

4

右下にから揚げを盛る。高く積み、立体感を出すようにする。

5

ご飯とほうれんそうのナムルの上に目玉焼きをのせる。

盛りつけのヒント

から揚げやミートボールなどの一口大のおかずは、積み上げて立体的に見せるのがコツ。ご飯の入ったワンプレートでは、どうしてもご飯の面積が大きくなるので、目玉焼きをのせると一気に華やか&おいしそうに見えます。

エスニックご飯プレート

目玉焼きと強い色の副菜をのせることで、エスニック感が高まります。

直径25cmの赤い丸い平皿に

- 紫キャベツのマリネ（P25）
- かぶのマリネ（P27）
- ミニトマトのマリネ（P25）
- エスニックそぼろ（P28）

1

温かいご飯を茶碗に入れ、軽く押さえて形を整え、上下を返して器の左下に盛る。

 2

サラダをご飯の右斜め上に置く。ご飯とサラダの間を埋めるように副菜を数種類盛る。

3

右下にエスニックそぼろを盛る。

4

そぼろとサラダの隙間があいたら、ミニトマトのマリネを盛る。

5

ご飯とそぼろの間に、目玉焼きをのせて、粗びき黒こしょうをふる。

盛りつけのヒント

エスニック料理のワンプレートを、よりそれらしくおしゃれに見せるには、とにかくカラフルにすること。紫キャベツや紫玉ねぎなどの濃い紫色や、パクチー、バジルなどの濃い緑色をポイントにするといいですよ。

直径24cmの薄いブルーの丸い平皿と
直径9cmの周りが黒いカップに

トーストプレート

スープをカップに入れて器にのせれば、おかずが少なくても華やかに見えます。

大学いも(P26)

かぶのマリネ(P27)

1

スープをカップに盛り、器の右上にのせる。ちょうどいいカップがなければ、そばちょこや小鉢でもOK。

2

カップの下に副菜を数種類盛る。

3

副菜の下にスクランブルエッグを盛る。

4

食パンをこんがりと焼き、少し斜めに切って、器の左側に少し重ねて置く。トーストにバターをのせる。

盛りつけのヒント

平たい器の上にカップを置く方法を覚えると、盛りつけの幅が広がります。アレンジとして、ココットにたれやソースを入れて器にのせたり、朝ごはんだったら、ヨーグルトをカップに入れてのせたりしてもいいですね。

ワンプレートに、お弁当に
盛りつけを彩る作りおきベスト10

やはり盛りつけで重要なのが彩り。美しい一皿にするためにも、いろんな色合いの常備菜を作っておくと便利です。僕がよく作る10品のレシピを紹介します。

ささがきと輪切り、切り方を変えて食感よく
ごぼうとれんこんのきんぴら

材料(作りやすい分量)
ごぼう　1本(約150g)
れんこん　1節(約150g)
赤唐辛子　1本分
白炒りごま　適量
合わせ調味料
　しょうゆ　大さじ2
　酒　大さじ1
　みりん　大さじ1
　砂糖(あればきび砂糖)　大さじ1
ごま油　大さじ½

作り方
① ごぼうは皮つきのままたわしなどでこすって水洗いし、ささがきにする。れんこんは薄い輪切りにする。ともに水にさらして水けをきる。唐辛子はちぎる。
② フライパンにごま油と唐辛子を入れて中火で熱し、ごぼう、れんこんを入れて弱火で約10分炒める。
③ 合わせ調味料を加え、ふたをして約5分煮る。ふたを取って汁をとばしながら炒める。ごまをふってざっと混ぜる。

＊粗熱をとって保存容器に入れ、冷蔵室で約4日間保存可能。

キャベツは生のまま使うことで色をキープ
紫キャベツのマリネ

材料(作りやすい分量)
紫キャベツ　小½個(約280g)
マリネ液
　酢　大さじ3
　オリーブオイル　大さじ2
　はちみつ　大さじ1½
　塩　小さじ1
　こしょう　少々
塩　少々

作り方
① 紫キャベツは細切りにし、耐熱ボウルに入れる。塩をふってよく揉み、約10分おいて、水けを絞る。
② 小鍋にマリネ液の材料を入れて混ぜ合わせ、中火にかけ、沸騰直前まで温める。熱いうちに①のボウルに回しかけ、そのまま冷ます。

＊保存容器に入れ、冷蔵室で約5日間保存可能。

ごまの香りで食欲がわく
ほうれんそうのナムル

材料(作りやすい分量)
ほうれんそう　1わ
白すりごま　適量
合わせ調味料
　おろしにんにく　小さじ⅓
　ごま油　大さじ1
　塩　小さじ⅓

作り方
① ほうれんそうは熱湯で1〜2分ゆで、ざるにあける。冷水にとって冷まし、しっかりと水けを絞る。食べやすい長さに切り分け、ボウルに入れる。
② 合わせ調味料を加えてしっかりあえ、すりごまも加えてさっと混ぜる。

＊保存容器に入れ、冷蔵室で約4日間保存可能。

黄色やオレンジなどのトマトも混ぜるとさらに華やかに
ミニトマトのマリネ

材料(作りやすい分量)
ミニトマト　35個(約350g)
マリネ液
　白ワインビネガー　大さじ4
　オリーブオイル　大さじ2
　はちみつ　小さじ2
　塩　小さじ1
　こしょう　少々

作り方
① ミニトマトは1ヵ所浅い切り目を入れ、沸騰した湯で約30秒ゆでてざるに取り出す。冷水にさらし、皮をむく。
② バットに入れ、マリネ液の材料をよく混ぜてかける。すぐ食べられるが、少し時間をおいて味をなじませるとさらにおいしくなる。

＊保存容器に入れ、冷蔵室で約5日間保存可能。

にんじん嫌いの子どもでも
食べやすいツナとの組み合わせ

にんじんしりしり

材料（作りやすい分量）
ツナ缶　小1缶（約80g）
にんじん　2本
合わせ調味料
| しょうゆ　大さじ1
| みりん　大さじ1
| 塩　少々
ごま油　大さじ1

作り方
① にんじんは5cm長さの細切りにする。
② フライパンにごま油を中火で熱し、にんじんを入れて炒める。しんなりしたらツナを缶汁ごとと、合わせ調味料を加えてよく炒め合わせる。

＊粗熱をとって保存容器に入れ、冷蔵室で約3日間保存可能。

一緒に漬け込むことで、使い勝手が広がる

味つけ卵・味つけうずら卵

材料（作りやすい分量）
卵　10個
うずらの卵　8個
漬け汁
| しょうゆ　大さじ5
| 酒　大さじ5
| みりん　大さじ2
| 砂糖　大さじ2
| 水　大さじ5

作り方
① 鍋に湯を沸かし、卵は約7分、うずらの卵は約2分ゆでる。冷水で冷やし、殻をむく。
② 小鍋に漬け汁の材料を入れて中火にかけ、煮立ったら火を止めて、そのままおいて冷ます。
③ ①を保存容器に入れ、②を回しかける。3時間～ひと晩おく。

＊漬け汁に漬けた状態で冷蔵室で約5日間保存可能。

蜜作りがかぎ。とろみがついたら
すぐにさつまいもを加えてからめて

大学いも

材料（作りやすい分量）
さつまいも　大1本（約300g）
蜜
| はちみつ　100g
| 塩　少々
| 水　大さじ1
黒炒りごま　適量
サラダ油　大さじ3

作り方
① さつまいもは皮つきのままよく洗い、一口大の乱切りにして水にさらす。
② フライパンにサラダ油を中火で熱し、①をしっかり水けをきって入れて5～10分、竹串がすーっと通るまで揚げ焼きにし、バットなどに取り出す。
③ 鍋に蜜の材料を入れて弱火にかける。泡立ったら②を加えてさっとからめて、火を止める。黒ごまをふる。

＊粗熱をとって保存容器に入れ、冷蔵室で約5日間保存可能。

塩昆布の旨みで全体がまとまる。
レモンの風味でさわやかに
大根と塩昆布の浅漬け

材料（作りやすい分量）
大根　1/2本
レモン（国産）の薄いいちょう切り　1/4個分
レモン汁　小さじ2
塩昆布　大さじ3
塩　小さじ1/3＋少々

作り方
① 大根は薄いいちょう切りにし、塩少々をふって約5分おく。水けをしっかり絞る。
② 保存容器に①と塩昆布、レモンの薄いいちょう切りを入れ、レモン汁、塩小さじ1/3を加えてよく混ぜる。約2時間おいて味をなじませる。

＊冷蔵室で約5日間保存可能。

こんがり焼いてから漬けるので、風味豊か
かぶのマリネ

材料（作りやすい分量）
かぶ　4個
マリネ液
　白ワインビネガー　大さじ4
　オリーブオイル　大さじ2
　はちみつ　小さじ2
　塩　小さじ1
オリーブオイル　適量

作り方
① かぶは茎を少し残して、皮つきのまま八つ割りにする。
② フライパンにオリーブオイルを中火で熱し、かぶを入れてこんがりと焼き色がつくまで上下を返しながら焼く。
③ マリネ液の材料をボウルに入れて混ぜ、かぶを熱いうちに入れ、からめる。

＊保存容器に入れ、冷蔵室で約4日間保存可能。

飾りにも、具にもなるので、あえてゆでるだけに
塩ゆでスナップえんどう

材料（作りやすい分量）
スナップえんどう　200g
塩　少々

作り方
鍋に湯を沸かし、塩、スナップえんどうを入れ、1分30秒〜2分ゆでる。取り出して粗熱をとる。

＊保存容器に入れ、冷蔵室で約5日間保存可能。

Part 1 の おすすめレシピ

バジルとナンプラーで作る
お手軽ガパオの素
エスニックそぼろ

材料(作りやすい分量)
豚ひき肉　300g
赤パプリカ　1/2個
玉ねぎ　1/2個
にんにくのみじん切り　1片分
赤唐辛子の小口切り　1本分
バジルの葉　10枚
合わせ調味料
　| ナンプラー　大さじ2/3
　| 酒　大さじ1
　| オイスターソース　小さじ1
　| 砂糖　小さじ1
　| とりガラスープの素　小さじ1/2
ごま油　大さじ1

作り方
① パプリカと玉ねぎは縦5mm幅に切る。
② フライパンにごま油、にんにく、唐辛子を入れて中火にかけ、香りが立ったらひき肉を加えてほぐしながら炒める。肉の色が変わったら、①、合わせ調味料を加え、汁けがなくなるまで炒める。バジルをちぎって加え、ざっと混ぜる。

＊粗熱をとって保存容器に入れ、冷蔵室で約3日間保存可能。

お弁当の定番おかず。
下味をつけてから揚げるのがコツ
とりのから揚げ

材料(2人分)
とりもも肉　1枚(約250g)
下味
　| おろしにんにく　小さじ1
　| おろししょうが　小さじ1
　| しょうゆ　大さじ1
　| 酒　大さじ1
ころも
　| 片栗粉　大さじ2
　| 小麦粉　大さじ2
揚げ油　適量

作り方
① とり肉は一口大に切って、下味の材料とともにポリ袋に入れ、しっかり揉み込む(時間があるときはそのまま30分～ひと晩おくと、よく味がなじむ)。
② ころもの材料を混ぜてバットに入れる。①の汁けを軽くきってころもをまぶす。
③ 揚げ油を低温(160℃)に熱し、②を入れて約3分揚げていったん取り出し、約5分おく。揚げ油を高温(200℃)にし、から揚げを戻し入れてさっと揚げる。取り出して油をきる。

Part 2
お弁当箱に盛りつける

最近、お弁当作りに凝っています。お弁当箱って表面は小さく、
深さがあるので、器に盛りつけるときのコツとは違います。
でも、小さい箱だからこそ、上手に詰められたときの
うれしさはひとしおだと思うのです。
今回は丸形、二段の長方形、長い楕円形と、
異なる形のお弁当箱にそれぞれ盛りつけてみました。

ステンレス製の
丸いお弁当箱に

肉だんご弁当

丸いお弁当箱には、丸いおかずをたくさん詰め込んでかわいらしく。

肉だんご (P36)

にんじんしりしり (P26)

味つけうずら卵 (P26)

かぶのマリネ (P27)

大根と塩昆布の浅漬け (P27)

1

お弁当箱の半分にご飯を入れる。その際、お弁当箱の内側に向かって傾斜をつけるようにする。

2

ご飯の傾斜の部分に肉だんごを詰める。高く盛るようにし、半分のスペースはあけておく。

3

肉だんごに沿わせて青じそを置き、その横に副菜を上からよく見えるようになるべく立てて詰める。

4

うずらの卵を楊枝や串に刺し、あいたところに詰める。ご飯に白ごまをふる。

盛りつけのヒント

丸く深さのあるお弁当箱はご飯がたくさん必要。でもこのようにご飯に傾斜をつけて詰め、その傾斜に沿っておかずを立てて詰めると、バランスがよくなります。おかずは上から全部見えるようになるべく立てて入れるのがポイントです。

二段の長方形の
お弁当箱に

二段から揚げ弁当

二段のお弁当箱なら、一段はご飯、もう一段はおかずを詰めます。ご飯もカラフルだと◎。

- とりのから揚げ（P28）
- 大学いも（P26）
- 塩ゆでスナップえんどう（P27）
- ごぼうとれんこんのきんぴら（P24）
- ほうれんそうのナムル（P25）
- 紫キャベツのマリネ（P25）

お弁当箱一段分にご飯を詰める。ご飯は混ぜご飯などにしてカラフルにしたり、のりやごまを散らしたりしても。

もう一段のお弁当箱の1/3のスペースにから揚げを積み重ねて詰め、から揚げに沿わせて青じそを置く。

そのほかの副菜をから揚げに立てかけるようにしながら、スペースをしっかり埋めるように詰める。

汁けがあるものはカップに入れて詰める。

ご飯の面積が大きく、白ご飯だとさびしいので、ここでは焼いた鮭をほぐしたものと、ゆでた枝豆を加えた混ぜご飯に。メインのおかずを詰めたら、残りのスペースは副菜を立てかけるようにしてぎゅうぎゅうに詰めて、すべてのおかずが上から見えるように盛りつけます。

楕円形の曲げわっぱのお弁当箱に

とりそぼろのっけ弁当

とりそぼろと卵そぼろ、副菜は、牛乳パックを使うときれいにのせられます。

- とりそぼろ（P36）
- 卵そぼろ（P36）
- にんじんしりしり（P26）
- ほうれんそうのナムル（P25）

ご飯を平らに詰める。牛乳パックの1面を切り取り、縦半分に切る。お弁当箱の斜めの幅に合わせて切り込みを1ヵ所入れる。

お弁当箱のふちに牛乳パックの切り込みを差し込み、それをガードにしてとりそぼろを入れる。

同様にして、卵そぼろを入れる。青菜やにんじんなどの野菜のおかずも同様に入れる。

盛りつけのヒント

牛乳パックを利用したお弁当の盛りつけアイディア。鮭のそぼろなど、細かいおかずを盛るときはこのテクを使うと、おかず同士の境が美しいラインになり、華やかに。ちょっとしたことなのですが、こうしたテクはお弁当ではとても有効です。

Part 2 の
おすすめレシピ

一口サイズで作り、揚げないからヘルシー。
甘辛だれをからめて食べやすく

肉だんご

材料（作りやすい分量）
たね
- 豚ひき肉　200g
- 長ねぎのみじん切り　1/4本分
- 片栗粉　小さじ1
- おろししょうが　少々
- 塩　少々
- こしょう　少々

甘辛だれ
- しょうゆ　大さじ2
- 砂糖　大さじ2
- 酢　小さじ1
- 片栗粉　小さじ1
- 水　大さじ2

サラダ油　適量

作り方
① たねの材料をボウルに入れ、粘りが出るまでよく練り混ぜる。一口大に丸める。
② フライパンにサラダ油を中火で熱し、①を並べ入れる。ふたをして、時々転がしながら、こんがりと焼き色がつくまで焼く。
③ 甘辛だれの材料をよく混ぜ、②のフライパンに加える。とろみがついたら肉だんごにからめる。

作りおきも可能。卵焼きの具にしたり、
麺にからめたりとアレンジも自在

とりそぼろ

材料（作りやすい分量）
- とりひき肉　200g

合わせ調味料
- しょうゆ　大さじ3
- 砂糖　大さじ3
- 酒　大さじ1

作り方
① ボウルにとりひき肉と合わせ調味料を入れ、菜箸でよく混ぜる。
② フライパンを油をひかずに弱めの中火で温め、①を入れて、菜箸でほぐしながら炒める。汁けがなくなり、ぽろぽろになったら火を止める。

＊粗熱をとって保存容器に入れ、冷蔵室で約3日間保存可能。

甘い味つけで子どもも大好き

卵そぼろ

材料（作りやすい分量）
- 卵　3個
- 酒　大さじ1
- 砂糖　大さじ1
- 塩　少々

作り方
① ボウルに卵を割り入れ、そのほかの材料も加え、菜箸で白身を切るようにしっかり混ぜ合わせる。
② フライパンを油をひかずに弱めの中火で温め、①を入れて、菜箸で混ぜながら炒める。ぽろぽろになったら火を止める。

＊粗熱をとって保存容器に入れ、冷蔵室で約3日間保存可能。

Part 3
定番の料理を盛りつける

よく食卓に並ぶ料理を、今っぽくおしゃれに盛りつけてみました。
デパ地下やスーパーで買った料理も、このように盛れば
罪悪感が薄れますし、気持ちよく食事ができると思うのです。
ここで使った器もPart1のワンプレートディッシュと同じ、
丸い平皿がほとんど。
手持ちの器ですぐに試せるアイディアをまとめました。

直径24cmの
白い丸い平皿に

ハンバーグ

きれいに盛りつけるコツは、ソースのかけ方と、つけ合わせの置き方です。

1

ハンバーグを器の中心よりやや左下に置く。

2

クレソンを葉の部分がハンバーグの上にくるように置く。

3

クレソンの茎に、つけ合わせの焼き野菜を種類別に隙間をあけずにのせていく。

4

ハンバーグにソースをかける。手前にたれるようにかけると、きれいに見える。

盛りつけのヒント

煮込みハンバーグなどソースがすでにからまっているものの場合も同様に、まずハンバーグだけを器に置き、残ったソースを手前にかけます。つけ合わせの野菜は色合いが違うものがおすすめ。ここではじゃがいものローズマリー焼き、にんじんのグラッセ、ゆでブロッコリーに。

直径24cmの
白い丸い平皿に

白身魚のソテー

魚料理は、高く立体的に盛り、あえて器の空間を見せるのがおしゃれです。

1

ソースをスプーンですくい、中心に円を描くように広げる。ここでは市販のバジルソースを使用。

2

ゆでたさやいんげんをソースの直径に合わせて切り、斜めに置く。

3

白身魚のソテーを皮目を下にして横長にのせ、レモン、ディルを白身魚にのせる。

盛りつけのヒント

洋食で白身魚の料理を盛りつける場合には、皮目は下にして置きます。下に敷くソースは、赤ピーマンや玉ねぎ、きゅうりなどのみじん切りを調味料と混ぜて作るラビゴットソースなどでもきれいです。また、さやいんげんは細いグリーンアスパラガスなどに替えてもバランスがいいと思います。

直径24cmの
薄いブルーの丸い平皿に

アジフライ

山盛りのキャベツにアジフライを立てかけるようにして置くと、今っぽくなります。

せん切りキャベツを、高さが出るようにして、器の上半分の左寄りに置く。

せん切りキャベツの右側に、ポテトサラダをアイスクリームディッシャーですくって置く。ディッシャーがない場合も丸みが出るようにこんもりと盛る。

ポテトサラダの上にトマトを置き、アジフライをせん切りキャベツに立てかけるように置く。

隙間にレモンを置き、ソースやタルタルソースは別の器に入れて添える。食べる直前にかけて。

盛りつけの ヒント

せん切りキャベツと揚げ物だけを器に盛ると、さびしく見えがち。ここではポテトサラダとくし形に切ったトマトをのせましたが、華やかでボリュームがアップしたように見えます。そのほか、ゆでたブロッコリーやスナップえんどうなど、色の濃い野菜を添えるのもおすすめです。

直径24㎝の白い
深さのある丸いパスタ皿に

トマトスパゲッティ

トングなどでくるっと回転させながら盛りつけます。何回かに分けて盛り、高さを出して。

えびとなすの
トマトスパゲッティ
（P50）

1 /

スパゲッティの半量をトングですくい、くるりと回転させながら、丸くなるように器に盛る。

2 /

残りの半量を1にのせるようにして、同様に回転させながら置き、高さを出す。

3 /

具のえびとなすをどの角度からも見えるように、スパゲッティの上に置く。

4 /

チーズをすりおろす。チーズは器のリムにもかかるとおしゃれに見える。もちろん粉チーズでもOK。

盛りつけの ヒント

ここでは、具がたっぷりのスパゲッティにしましたが、ペペロンチーノなどの具の少ないパスタでもコツは一緒。一度に盛りつけようとせず、まず半量を器にくるりと置き、その上に残りを同様にのせます。ハーブやこしょうなど、ポイントになるものものせると、さらにおしゃれに見えますよ。

直径23cmの
黒い丸い平皿に

肉野菜炒め

高さを出すように盛りつけ、最後に汁を少しかけると、とたんにツヤが出ます。

豚肉とカシューナッツの
野菜炒め(P50)

1

肉野菜炒めの半量をサーバーやお玉などですくい、器の中央に盛る。

2

残りの肉野菜炒めを、上に重ねるように高く盛る。

3

緑や赤などのカラフルな野菜が満遍なく散らばり、重ならないように菜箸で置き換える。

4

肉野菜炒めの汁をスプーンですくって回しかける。特に手前に多めにかけるとツヤが出てきれいに。

盛りつけのヒント

肉野菜炒めは高く盛り、具が上から満遍なく見えるように置くとおいしそうです。また、作るときから、彩りを考えるとベスト。緑、赤、白など色とりどりの野菜を合わせることで、おいしそうに見えるんです。そんなに材料がないという場合には、赤唐辛子やナッツ類などで色を足すのもおすすめ。

直径25cmの
薄いグリーンの丸い平皿に

グリーンサラダ

色の違う野菜を交互に重ね、目立つ具は上に。ドレッシングは別添えにしたほうが、スマート。

1

サラダの野菜は種類ごとに分けておく。色の目立つ野菜（ここではトレヴィス）の半量を器に丸く置く。

2

ほかの野菜（ここではベビーリーフと玉ねぎ）の半量を1に重ねる。残りの色の目立つ野菜を少し取りおき、同様に重ねる。

3

残りのほかの野菜を重ねて置き、取りおいた色の目立つ野菜を上に散らすようにして置く。

4

アイキャッチになる食材（ここでは薄切りのマッシュルーム）を散らす。ドレッシングを別の器に入れて添える。

盛りつけのヒント

すでにミックスされた市販のサラダを盛りつける場合も、コツは同様です。何回かに分けて高さを出すように盛り、アイキャッチになるパプリカやハーブが見えるところにくるように菜箸で置き換えます。今回はマッシュルームを散らしましたが、揚げ野菜やナッツ類でもよいと思います。

Part 3 の おすすめレシピ

具がごろごろで、盛りつけるとテーブルが華やかになる

えびとなすのトマトスパゲッティ

材料(2人分)
えび　8尾
粉チーズ　適量
玉ねぎのみじん切り　1/4個分
にんにくのみじん切り　1片分
赤唐辛子の小口切り　1本分
ホールトマト缶　大1缶(約400g)
なす　2本
スパゲッティ　200g
白ワイン　1/4カップ
オリーブオイル　大さじ4
塩　小さじ1/4＋適量
こしょう　少々

作り方
①トマトソースを作る。フライパンにオリーブオイル大さじ2、玉ねぎ、にんにく、赤唐辛子を入れて中火にかける。香りが立ったら炒め合わせ、玉ねぎが透き通ったらホールトマトを缶汁ごとと、白ワインも加え、木べらなどでつぶす。時々混ぜながら約10分煮て、塩小さじ1/4、こしょうで調味し、火を止める。
②なすは輪切りにする。えびは頭を切り落とし、尾を残して殻をむく。鍋にたっぷりの湯を沸かし、塩適量を加えて、スパゲッティをゆで始める。
③別のフライパンにオリーブオイル大さじ2を中火で熱し、なすとえびを焼く。両面にこんがり焼き色がついたら取り出し、①のフライパンに加える。
④スパゲッティがゆで上がったら湯をきり、トマトソースのフライパンに加え、中火にかける。スパゲッティのゆで汁をお玉1杯分加え、全体がなじむまでよく混ぜる。器に盛り、粉チーズをふる。

持っている人は、粉山椒を花椒(ホアジャオ)に変えると本格味に

豚肉とカシューナッツの野菜炒め

材料(2人分)
豚こま切れ肉　120g
グリーンアスパラガス　8本
赤パプリカ　1/2個
にんにくのみじん切り　1片分
カシューナッツ　70g
豆板醤　少々
合わせ調味料
　酒　大さじ1
　オイスターソース　大さじ1/2
　しょうゆ　小さじ2
　とりガラスープの素　小さじ1
粉山椒　少々
片栗粉　少々
ごま油　大さじ1
塩　適量
こしょう　適量

作り方
①アスパラガスは根元のかたい部分を切り落とし、下の部分の皮をむいて5cm長さに切る。パプリカは1cm四方に切る。豚肉に片栗粉をまぶす。
②フライパンにカシューナッツを入れて弱火にかけ、約1分炒って取り出す。
③フライパンにごま油、にんにくを入れて中火にかけ、香りが立ったら、豚肉を加えて炒める。肉の色が変わったら、豆板醤を加えて炒める。全体になじんだら、パプリカ、アスパラガス、カシューナッツを加えて混ぜ、合わせ調味料を加えて全体がしんなりするまで炒める。塩、こしょう、粉山椒で調味する。

Part 4

大皿料理を盛りつける

人が来る日の盛りつけアイディアをまとめて紹介します。
ホームパーティなどでみんなが好きな料理を持ち寄ったとき、
さりげなくおしゃれに盛りつけて出したら、テンションが上がりますよね。
特に買ってきた料理は、そのままパックで出すのではなく、
こうして盛りつけたらほめられること間違いなし。
僕は大皿をほとんど持っていないので、
みんなの料理を盛るときも普段の平皿を大皿盛りに使います。
量が多ければ2皿に分けて盛りつけてみてください。

和食を中心に
大皿に盛る場合

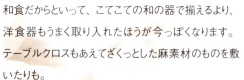

和食だからといって、こてこての和の器で揃えるより、洋食器もうまく取り入れたほうが今っぽくなります。テーブルクロスもあえてざくっとした麻素材のものを敷いたりも。

僕が特に気をつけているのは、みんなが手を伸ばしやすいかどうかと、どの角度から見てもおいしそうに見えるかどうか。また、しょうゆベースで色が地味な和食は、買ってきた料理でも一味唐辛子やごまをふったりして、アクセントをつけるといいですよ。

直径24cmの黄緑色の丸いボウルに

和サラダ

塩けのあるじゃこを取り入れ、先に野菜に味つけをしてから盛るので、取り分けてすぐおいしい。

厚揚げとじゃこの和サラダ
(P76)

1

ベースの野菜（ここでは水菜、グリーンリーフなど）にドレッシングをかけ、あえておく。

2

器に**1**を盛る。その際、にんじんなど華やかなものは上のほうに置く。

3

メインの具3種類（ここでは厚揚げ、アボカド、ミニトマト）を縦に3列置く。

4

のりをちぎって散らし、じゃこをふる。

盛りつけのヒント

ここでは厚揚げやじゃこなど、和の素材を取り入れたサラダにしましたが、もちろん別の食材でもOK。みんなで取り分けるサラダの場合、具を全部混ぜてしまうよりは、立体的に重ねていったほうがサラダの中に何が入っているか分かり、おいしそうに見えます。

直径26cmの濃緑色の丸い平皿と
直径9cmのココット、直径7cmの小皿に

揚げ物の盛り合わせ

ディップやたれを別の器に入れて、平皿の上にセットすれば、みんなが取りやすい。

野菜のフリット(P77)

1

タルタルソースはココットに入れて平皿の中央に、粗塩と抹茶塩は小皿に入れ、ココットの両脇に置く。

2

平皿の上の部分に青じそを敷く。葉の先が器から少しはみ出るようにすると華やか。

3

から揚げを青じその上に置く。高さが出るように重ねていくとよい。

4

手前のあいたところにそのほかの揚げ物を少し重ねて置く。上から見たときに、全料理が見えるようにする。

盛りつけの ヒント

今回はから揚げと野菜のフリットを置きましたが、もちろん、から揚げだけでもOK。その場合は、器の上下にから揚げを盛り、下に敷いた青じそをもう少しはみ出させると華やかになります。市販の大きいサイズの揚げ物なら、食べやすく切ってから同様に盛りつけると親切。

直径28cmの木のボードに

おむすびと巻き寿司の盛り合わせ

みんなが手を伸ばしやすいように、いろんな向きにして置いてみました。

1

太巻きを立てて置く。まっすぐ置くのではなく、1切れずつずらして置くと取りやすい。

2

青じそをボードの中央に敷き、細巻きを断面が見えるように置く。

3

あいているところにおむすびを置く。シンプルなおむすびなら、下に青じそを敷くと華やかに。

4

細巻きの上側の青じその上に、甘酢しょうがを置く。

盛りつけの ヒント

おむすびだけじゃなく、いろんな種類のご飯物を1つのボードに置くことで、バラエティ感が出ます。木のボードって、和食にも意外とマッチするので持っていると便利です。ご飯物以外に、お漬物の盛り合わせや、揚げ物なんかを盛るのもおすすめです。

直径24cmの丸い
絵柄入りの平皿に

角煮

角煮は積み上げて立体的に。具をそれぞれ分けて盛ることで、和食感が増します。

豚と大根の煮物
(P77)

1

根菜(ここでは大根)を器に敷く。

2

上に角煮を積み重ねて置く。チンゲン菜は、角煮に沿わせるように右に置く。

3

ゆで卵1個を横半分に切って、器の右上に盛る。残りは切らずにそばに置く。

4

角煮の上に白髪ねぎをのせる。

盛りつけのヒント

同様に筑前煮やとり手羽の煮物、すき煮、肉豆腐など、肉を使った和の煮物は、具が混ざった状態より、パート分けしておくことで本格派に見えます。下に敷く根菜がないときは1の手順を省き、肉を左下にくるように配置し、ほかの具もパート分けして置いてみてください。

61

洋食を中心に大皿に盛る場合

洋食はもともと色が華やかなので、盛りつけるのは和食に比べて簡単だと思います。

ワインを飲むホームパーティなどだと、チーズや生ハムをお土産にいただくことが多いですよね。切り分けたり、取りやすいように並べ替えてお出しすることで、買ってきてくれた人も喜びます。サンドイッチは、普通のサイズをさらに半分に切って盛りつけます。そうすることで、みんなに行き渡りますし、見た目のボリュームも出るんです。

63

13×23cmの
スレートボードに

ピンチョス

カラフルな野菜などを串に刺したピンチョスを石の器「スレートボード」に盛りつけました。

たこと野菜のピンチョス
（P78）

1

スレートボードは天然石を平らに切り出して器にしたもの。水に通してしっかり拭いてから使う。

2

ピンチョスは、具を全部同じ順に串に刺すのではなく、刺す順番を変えたものも作ると変化がつく。

3

スレートボードに立てて置く。前列の隙間から後列が見えるようにぎざぎざに置くときれい。

盛りつけのヒント

串に刺したピンチョスは手に取りやすいのでホームパーティにおすすめの料理。いろんな色が入るようにすると、それだけで華やかです。スレートボードは、それだけで今っぽくなるおしゃれなアイテム。雑貨屋さんなどに安いものも出ているので、ぜひチェックして。

シャルキュトリーの盛り合わせ

27×18cmの木のボードに

ホームパーティの手土産率No.1。いろんなハムを少しずつ盛ることでボリューム感が出ます。

1

ボードを縦長に置く。生ハムは1枚ずつはがして半分に折り、少しずつ重ねながら左上に置く。

2

サラミは生ハムの隣に少し重ねて置く。大きなハムは半分に折って生ハムの下に、小さなハムはその下に置く。

3

ハーブや野菜（ここではディルとクレソン）を散らす。

4

粗挽き黒こしょうを全体にふり、粒ピンクペッパーを手前に散らす。

盛りつけのヒント

生ハムやハムなど大きなものは折って、小さなハムはそのまま少しずつ重ねて置きます。ハムはぴったり重ねるとくっついてはがしにくいので、少しずらすのが基本です。また、チーズをボードにのせるのもおすすめ。全部ではなく一部を切り分けて盛り、お客さんに「食べてね」の気持ちを伝えます。

直径27cmの
ブルーの丸い平皿に

サンドイッチ

市販の卵とツナの2種類のサンドイッチを、山の連なりをイメージして盛りつけてみました。

1 /

三角のサンドイッチは角を上に置き、縦半分に切る。

2 /

器の左上にレタスを敷き、1種類のサンドイッチを立てて交互にずらしながら、器の左側に置く。

3 /

もう1種類のサンドイッチを、先に置いたサンドイッチの隣にくっつけるようにして器の右側に盛る。

盛りつけのヒント

いろんな料理を食べたいのがホームパーティ。おなかに溜まりやすい炭水化物はミニサイズにしてあげたほうが親切です。山の連なりのように、交互にサンドイッチを置くことで、1切れ1切れが分かりやすくなります。買ってきたサンドイッチでも簡単にできるアイディアです。

30×40cmの
オーブンの天板に

肉と野菜のグリル

天板のままテーブルに出すからインパクト大。彩りを意識して、盛りつけながら作るのがおすすめです。

チキンのグリルプレート(P78)

1

オーブンペーパーは天板からはみ出すように広げる。肉（ここではとり肉）を満遍なく敷きつめる。

2

野菜を肉の上に散らす。目立つ赤や黄色の野菜（ここでは赤パプリカ）はバランスよく散らばるようにする。

3

全体に合わせ調味料をかけ、ハーブ（ここではローズマリー）をたっぷり散らし、オーブンで焼く。

盛りつけのヒント

オーブンの天板を使ったグリルは、器に盛り替えるのではなく、そのままテーブルに出すほうがおしゃれだし、料理の状態もきれい。だからこそ、そのまま置いてもおしゃれなように盛りつけながら料理しましょう。野菜は緑と赤が揃うときれいで華やかになります。ハーブもたっぷりが基本！

直径8cmのガラスカップと
直径30cmの黒い丸い平皿に

フルーツの盛り合わせ

食べやすく切って種類ごとに盛りつけます。実が小さいフルーツはカップに入れ、まとめて。

1

ぶどうはキッチンばさみで小房に切り分け、カップに入れる。

2

ベリー類は2種類を混ぜてカップに入れ、ぶどうのカップとともに器に置く。

3

かんきつ類（ここではオレンジ）は皮をむいて薄皮を除き、パイナップルは食べやすく切り分けて器に置く。

4

人数分のピックを刺す。

盛りつけのヒント

このピックは普通の爪楊枝の先に色を塗ったもの。普通の楊枝しか持っていないときにおすすめのアイディア。油性ペンや油性の絵の具を塗ってしっかり乾かします。持ち手の部分だけ塗るように気をつけて。

直径25cmのグレーの丸い平皿と
直径7cmのコーヒーカップに

デザートプレート

お菓子やケーキを別々の皿に盛るより、お茶やコーヒーとともに一皿にまとめてサーブするとスマート。

1 /

コーヒーをカップに入れ、器の右上に置く。

2 /

ケーキ1切れや大きなお菓子を器の下中央に置く。

3 /

そのほかのお菓子（ここではクッキー）を左上のあいているところに置く。

盛りつけのヒント

デザートタイムのアイディア。持ち寄りパーティのときにケーキやクッキーを持って来てくれる人も多いですよね。それぞれ盛ると、小さな器がたくさん必要になって困ったりしますが、これならカップと平皿でOK。しかも1人分ずつなのでみんなが食べやすいと思います。

Part 4 の
おすすめレシピ

野菜をドレッシングであえてから盛るので、一体感が出る

厚揚げとじゃこの和サラダ

材料（4人分）
ちりめんじゃこ　大さじ1
厚揚げ　1枚
水菜　1/2わ
グリーンリーフ　2枚
にんじん　1/4本
きゅうり　1/4本
ミニトマト　6個
アボカド　1/2個
レモン汁　少々
焼きのり　1枚
ドレッシング
　ごま油　大さじ2
　酢　大さじ3
　しょうゆ　大さじ1
　柚子こしょう　小さじ1/3
しょうゆ　少々

作り方
①フライパンを油をひかずに中火で温め、厚揚げを入れ、しょうゆをかけて焼き色がつくまで全面を焼く。取り出して、横半分に切り、縦薄切りにする。フライパンをきれいにし、ちりめんじゃこを入れて中火にかけ、こんがりと乾炒りする。
②水菜は5cm長さに切る。グリーンリーフは一口大にちぎる。にんじんときゅうりはピーラーで薄くそぐ。ミニトマトは四つ割りにする。アボカドは2cm角に切り、レモン汁をかける。
③ドレッシングの材料を混ぜるボウルに水菜、グリーンリーフ、にんじん、きゅうりを入れ、ドレッシングをかけてあえる。
④器に③を盛り、厚揚げ、アボカド、ミニトマトをのせる。のりを細かくちぎって散らし、ちりめんじゃこを散らす。

野菜は好みのもので OK。色とりどりの野菜を揚げて

野菜のフリット

材料（作りやすい分量）
れんこん　1節（約200g）
さつまいも　1/2本
赤パプリカ　1/2個
ししとうがらし　5本
ころも
　炭酸水　1/2カップ
　小麦粉　130g
　塩　少々
揚げ油　適量
塩　適量

作り方
① れんこんとさつまいもは1cm厚さの輪切りに、パプリカは縦4等分に切る。ししとうは1ヵ所切り目を入れる。
② 揚げ油を高温（180℃）に熱する。ボウルにころもの小麦粉と塩を入れて混ぜ、炭酸水を注ぎ、さっと混ぜる。①を入れてころもをつけ、揚げ油に入れる。
③ 表面がからっとしたら取り出して油をきり、器に盛って、塩を添える。好みで塩は抹茶塩にしたり、タルタルソースを添えても。

時間がかかるけれど、おいしさはひとしお。とろとろの角煮に

豚と大根の煮物

材料（4人分）
豚バラかたまり肉　500g×2本
半熟ゆで卵　4個
大根　1/2本（約400g）
長ねぎの青い部分　1本分
しょうがの薄切り　2枚
チンゲン菜　1株
長ねぎ　5cm
煮汁
　酒　大さじ4
　しょうゆ　大さじ4
　みりん　大さじ3
　砂糖（あればきび砂糖）　大さじ2
　水　4カップ

作り方
① 大根は2cm厚さに切り、片面に十字に1cm深さの切り目を入れる。
② フライパンを油をひかずに中火にかけ、豚肉をかたまりのまま入れ、すべての面にこんがりと焼き色をつける。
③ 厚手の鍋に①、②、長ねぎの青い部分、しょうがを入れ、かぶるくらいの水を注いで中火にかける。アクが出たら除き、約20分ゆでて、大根は取り出す。さらに約30分ゆでて火を止め、粗熱をとって鍋ごと冷蔵室に入れて約3時間おく（ひと晩おくとなおよい）。
④ 鍋を取り出して固まった脂を除き、豚肉を取り出す。豚肉はさっと水で洗い、4cm幅に切り分ける（ゆで汁はねぎ、しょうがを除いて取りおき、スープなど別の料理に使うとよい）。
⑤ 鍋をきれいにし、④の豚肉と煮汁の材料を入れて中火にかける。煮立ったら落しぶたをし、約40分煮る。大根を加えてさらに約20分煮て、落しぶたを取り、汁けを飛ばしながら約5分煮る。煮汁が少なくなったら豚肉を取り出し、ゆで卵と、チンゲン菜を縦半分に切って加え、さっと煮からめる。器に盛り合わせ、長ねぎを白髪ねぎにしてのせる。

ただ刺すだけでおしゃれな1品に

たこと野菜のピンチョス

材料(10本分)
ゆでだこの足　小1本(約60g)
モッツァレラチーズ　70g
ミニトマト　5個
ラディッシュ　5個
きゅうり　1/3本
ブラックオリーブ　10個
マリネ液
　ディル　2本
　オリーブオイル　大さじ2
　レモン汁　大さじ1
　おろしにんにく　少々
　塩　少々
　こしょう　少々
塩　少々

作り方
①ミニトマト、ラディッシュは半分に切る。きゅうりはスライサーやピーラーなどで薄く長くそぐ(10枚作る)。チーズは20等分の角切りにする。たこは10等分に切り、塩をふる。
②マリネ液のディルはちぎり、マリネ液のほかの材料と混ぜ合わせる。ラディッシュ、たこを加え、冷蔵室に約20分おいてなじませる。
③②を冷蔵室から取り出し、ミニトマト、チーズも加えてざっとあえる。汁けをきって、串5本にオリーブ、ミニトマト、きゅうりスライス、チーズ、たこ、ラディッシュの順に刺す。残りの串にオリーブ、たこ、チーズ、トマト、きゅうり、チーズ、ラディッシュの順に刺す。

材料を入れて焼くだけ。出てきた汁もおいしい

チキンのグリルプレート

材料(4人分)
とりもも肉　2枚(約500g)
下味
　おろしにんにく　小さじ1
　塩　少々
　粗挽き黒こしょう　少々
エリンギ　3本
赤パプリカ　1個
ローズマリー　4本
合わせ調味料
　オリーブオイル　大さじ3
　粒マスタード　大さじ2
　塩　少々
　こしょう　少々

作り方
①エリンギとパプリカは一口大の乱切りにする。とり肉は大きめの一口大に切り、下味の材料を加えてよく揉み込む。
②オーブンの天板にオーブンペーパーを敷く。①を肉、野菜の順に広げ入れ、合わせ調味料を回しかける。ローズマリーを3～4つにちぎって散らす。
③オーブンを180℃に予熱し、②を入れて約30分焼く。

Part 5
イベントの日の
テーブルセッティングと料理

ますます人気が高まっているハロウィンをはじめ、
クリスマスやお正月はやっぱり特別な日。
普段の盛りつけに少しだけスペシャル感を加え、
おしゃれなテーブルセッティングにしてみませんか？
普段使っている器でもちょっとした工夫で、イベント感が出せるんです。
また、イベントをさらに特別にする、とっておきのレシピもお伝えします。

ハロウィン

スペシャルイベントとして定着した感があるハロウィン。普段のテーブルコーディネートをハロウィン仕様にするなら、やはり「かぼちゃ」と「オバケ」のモチーフ使いだと思います。
料理もかぼちゃを使った一皿で、統一感を出して。

チョコペンでオバケの絵を描く

オバケモチーフがあると、一気にハロウィン感が出せます。とはいえ、そうしたグッズを買ってくるのもやや大げさ。そんなときは、モチーフを描いてしまいます。今回はバゲットにチョコペンで描きましたが、オーブンペーパーを円錐状に丸めて、ケチャップやジャムを入れてから先を切り、絞り出しながら描くという方法も。

小さなかぼちゃをテーブルに置く

「坊ちゃんかぼちゃ」や「赤皮栗かぼちゃ」など、小さなかぼちゃをテーブルに置くと、それがオブジェのように。わざわざかぼちゃのランタン(ジャック・オー・ランタン)を作らなくても、これだけでテーブルのポイントになりますよ。ハロウィンが終わったら、もちろん料理に使って食べちゃいましょう。

カラフルなお菓子を見えるように飾る

ハロウィンというと、華やかな色のイメージ。カラフルなお菓子をガラスの器に入れて、見えるように飾るのはいかがでしょう。みんなが手を伸ばしやすいように、ピックを刺しておくのもおすすめです。余ったお菓子は袋に詰めて、子どものお客さんのお土産にしてあげてもいいですね。

ハロウィンにおすすめのレシピ

オレンジと黒の
ランチョンマットや器を使う

ハロウィンのイメージカラーは「オレンジ」と「黒」の組み合わせ。ランチョンマットや器で手持ちのものがあれば、この機会にぜひ使いましょう。なくても白い器にオレンジと黒の紙ナプキンを取り入れたりして、なるべくこの2色が目立つようにすると、ハロウィンのテーブルらしくなりますよ。

生クリームを使わないから気軽に作れる
かぼちゃのグラタン

材料(4人分)
ウインナーソーセージ　2本
牛乳　1カップ
粉チーズ　少々
かぼちゃ　100g
玉ねぎ　1/2個
エリンギ　小3本
バター　25g
小麦粉　25g
サラダ油　少々
塩　少々
こしょう　少々
パン粉　少々

作り方
① フライパンにバターを入れ、弱火にかけて溶かす。小麦粉をふり入れて炒める。牛乳を1/5量ずつ入れ、そのつどよく混ぜる。
② かぼちゃは皮を少し残してむき、薄切りにする。玉ねぎ、エリンギは食べやすい大きさの乱切りに、ウインナーは食べやすい大きさに切る。
③ 別のフライパンにかぼちゃと水大さじ2を入れて中火にかけ、ふたをして約5分、やわらかくなるまで蒸し焼きにしていったん取り出す。
④ 続けて、サラダ油を入れて中火にかけ、玉ねぎを炒める。透き通ったら、ウインナーとエリンギを加えて炒め合わせる。全体に油が回ったら、かぼちゃを戻し入れ、①を加えて軽く混ぜ、塩、こしょうで調味する。
⑤ 耐熱容器に④を入れて表面をならし、粉チーズとパン粉をふる。
⑥ オーブンを180℃に予熱し、⑤を入れて約15分、表面がこんがりするまで焼く。

クリスマス

クリスマスは一年でもっとも華やかなイベント。でも、家で楽しむクリスマスなら、肩肘張らずにできるコーディネートでいいと思っています。
テーマは「赤」と「キャンドルの光」。光が変わるだけで特別感が出るんです。

キャンドルをつける

クリスマスほどキャンドルが似合う日はありません。手持ちのものやいただきものがあれば、ぜひこの機会にともしてみましょう。キャンドルはテーブル全体をやわらかな光で包み込んでくれます。アロマ用の小さなキャンドルを耐熱のグラスに入れて、ともすのもおすすめです。

食事や飲み物に「赤」を効かせる

クリスマスのテーマカラーといえば「赤」。特にいちごをはじめとしたベリー類はクリスマスに似合う食べ物だと、個人的に思っています。僕のおすすめは、乾杯用のスパークリングワインにいちごやラズベリーを入れてお出しすること。簡単なことなのですが、ドリンクが華やかになり、女性にも喜ばれます。

クリスマスモチーフをテーブルに飾る

ツリーやリースを持っていなくても、ヨーロッパ土産のオブジェや松ぼっくりなど、クリスマスに似合いそうなものがあったら、臆せずテーブルに飾ってみて。クリスマスのテーブルはシンプルであるより、いろんなものがのっていて、少しごちゃっとした感じのほうがステキだなあと思っています。

ナプキンや食器に「赤」を取り入れる

赤い器があれば、ぜひこの日に使って。赤い器を持っていなくても、ナプキンや紙ナプキンで色を取り入れればOK。こてこてのクリスマスモチーフが描かれたものである必要はありません。無地の赤い紙ナプキンなら、クリスマスだけではなくお正月のテーブルにも使えてお得ですよ。

クリスマスにおすすめのレシピ

まるでお花のリースのよう。色とりどりの野菜で華やかに

リースサラダ

材料(4人分)
ロースハム　3枚
水菜　2株
サニーレタス　2枚
ミニトマト　4〜5個
ラディッシュ　2個
紫キャベツ　1枚
きゅうり　1本
れんこんの薄い輪切り　5切れ
ドレッシング
　オリーブオイル　大さじ3
　レモン汁　大さじ2
　塩　少々
　こしょう　少々
塩　適量

作り方
①水菜は5cm長さに切り、サニーレタスは一口大にちぎり、ともにボウルに入れて混ぜる。ミニトマトは半分に切る。ラディッシュは薄い輪切りにする。紫キャベツは2cm四方に切る。きゅうりは縞目に皮をむき、1cm角に切る。ハムは半分に切り、くるくると巻き、楊枝で留める。
②フライパンにれんこんと水大さじ3を入れて中火にかけ、ふたをして約5分蒸し焼きにする。
③器に、サニーレタスと水菜をドーナッツ状に盛りつけ、そのほかの具を彩りよく配置する。ハムの楊枝をはずす。塩をふり、ドレッシングの材料を混ぜてかける。

お正月

一年の始まりのお正月は、家族と過ごすことが多い時期。僕の場合、年末年始は実家で過ごすのですが、家に帰ってからもこんなコーディネートで妻と新年を祝います。
おせちは作らなくても、買ってきたもので充分。器使いと盛りつけで和を演出します。

四角い器と和食器を使う

重箱がなくても、四角い器や正統派の和食器を使うことでお正月らしさは出せます。普段あまり使うことのない派手な絵皿などもお正月なら似合うので、ぜひ使って。食器がお揃いである必要はありません。あえていろいろな器にいろいろな料理を盛ることで、テーブルが華やかになります。

料理に植物を飾る

写真は「黒豆の松葉刺し」。松葉は一年中緑であることから、「不老長寿」の象徴とされ、お正月料理に添えられることも多い縁起のいい植物。黒豆を楊枝で刺して穴をあけてから松葉を差し込んだだけですが、ただ盛っただけの場合に比べてぐっと華やかになります。そのほか赤い実のついた南天や千両なども縁起のいい植物です。

**かまぼこに切り目を
入れて華やかに**

かまぼこは飾り切りしやすい食材。写真はかまぼこを1cm幅に切り、上のアーチに沿って左端の3分の1を残して、右から皮をむくように切り込みを入れます。むいた部分に、右端1cmを残して中央に1本切り目を入れ、切り目に右端部分を下から1回くぐらせたもの。そのほか、インターネットで探すと、かまぼこのさまざまな飾り切りのアイディアが出ているので、試してみても。

お正月におすすめのレシピ

箸袋を手作りする

お正月に使う箸といえば、「祝い箸」。箸は長く、両端が同じように細く真ん中が膨らむ俵形になっているのが五穀豊穣を表わし、長さが八寸（約24㎝）であることは末広がりを表わすため、縁起がいいとされています。持っていなければ、鮮やかな色紙で箸袋を作り、普段の割り箸を入れるだけでもそれらしくなります。写真は折り紙で作った箸袋。千代紙や和紙で作るのもおすすめです。

「家族がいっしょに仲よく」という意味の縁起のいい食べ物

煮しめ

材料（作りやすい分量）
とりもも肉　1枚（約250g）
干ししいたけ　4枚
にんじん　1本
れんこん　½節（約100g）
里いも　4個
こんにゃく（アク抜き）　½枚（約100g）
合わせ調味料
| しょうゆ　小さじ2
| みりん　小さじ2
| 砂糖　小さじ2
煮汁
| だし汁　1½カップ
| しょうゆ　大さじ1
| みりん　大さじ1
| 砂糖　小さじ2
| 塩　少々
サラダ油　大さじ1

下準備
干ししいたけは水で戻し、水けを軽く絞って4等分に切る。戻し汁はだし汁に加えて使っても。

作り方
①にんじん、れんこん、里いもは一口大の乱切りにする。こんにゃく、とり肉は一口大に切る。
②フライパンにサラダ油大さじ½を中火で熱し、とり肉を入れて炒める。肉の色が変わったら、合わせ調味料を加えてさっと混ぜ、火を止める。
③鍋にサラダ油大さじ½を中火で熱し、にんじん、れんこんを入れて炒める。油が回ったら、こんにゃく、しいたけ、里いもを加えて炒め合わせ、煮汁の材料を加える。煮立ったら落しぶたをし、約10分煮る。②を汁ごと加え、さらに約10分煮る。
④器に盛り、好みでゆでた絹さやを刻んでのせる。

インスタ映えする盛りつけ
5つのヒント

インスタ写真を撮るときに僕が心がけていることを紹介します。簡単なことから取り入れて、料理写真を撮る楽しさを発見してください。

ヒント1 赤・黄・緑を揃える

きれいな盛りつけの基本は、赤・黄色・緑色の3色が一皿の中に揃っていること。赤ならトマトや赤ピーマン、黄色なら卵の黄身や黄パプリカが代表格。緑色は、緑黄色野菜のような濃い緑もあれば、キャベツのような薄い緑もあります。ちょっとさびしい盛りつけになっちゃったときに、さっと盛れる作りおきおかずがあればベストですが、なくても生で食べられる野菜を切って添えればたちまち華やかになります。

ヒント2 スパイスやトッピングで目をひく

ちょっとさびしいなと思ったらこしょうなどのスパイスをひとふり。それだけで華やかになることはよくあります。さらに印象を変えるなら、スパイスの形状にもこだわってみましょう。たとえば黒こしょうひとつとっても、そのまま粒ごとと、粗挽きにするのと、細かく挽いたものをふるのとでは印象が違います。お子さんがいてスパイスの強い香りや辛みが苦手なら、ナッツ類やレーズンなどを散らすのも有効です。

(外側・上から時計回りに)アーモンドスライス、黒炒りごま、白炒りごま、くこの実、パンプキンシード、クミンシード、パプリカパウダー、ドライセージ、レーズン。(内側・右上から時計回りに)粉山椒、粒黒こしょう、粒ピンクペッパー、粒白こしょう。

ヒント3 ハーブで色・香り・風味をプラス

緑色が足りないときは、よくハーブをプラスします。今ではスーパーなどで少量から手に入りますし、何よりハーブの香りが好きなんです。それと、ちょっとした料理でもハーブが入るだけで、手が込んだ風に見え、インスタ映えします。ただし香りがある分、料理との相性は重要だと考えています。僕の場合、カルパッチョやマリネによく使うのはディル。和食で使うのはダントツに青じそ。エスニックならバジルやパクチーです。

(外側・上から時計回りに) パクチー、ローズマリー、バジル、ペパーミント、青じそ、レモングラス。(中央) ディル。

ヒント4 ランチョンマットをコーディネートする

ランチョンマットは盛りつけの味方。僕もたくさん持っています。ランチョンマットのいいところは、食材では出ない色や模様が足せること。ちょっと地味な盛りつけになったときは派手な色をプラスしたり、エスニックなら赤いランチョンで気分を盛り上げたり…と楽しみ方は無限大です。テーブルクロスほど大げさではなく、簡単に洗濯できるのも大きなメリット。

ヒント5 野菜の切り方を普段と変える

野菜は切り方次第で違った印象に。もちろんその料理に合った切り方をする必要がありますが、味を変化させない範囲で、いつもとは違った切り方を試してみるのもおすすめです。また、切り方によって食感の違いが生まれるので、その点も意識して。たとえば、キャベツのサラダでも、せん切りと手でちぎったものでは調味料の味のなじみがまったく違いますし、歯ごたえも異なります。

にんじん
- せん切り
- ピーラーでそいだもの
- いちょう切り

きゅうり
- 輪切り
- 棒状に切ったもの
- 縦半分に切って斜め切り

紫玉ねぎ

 ## キャベツ

- 縦半分に切って縦薄切り
- 輪切り
- 粗みじん切り

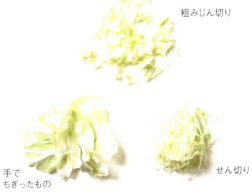

- 粗みじん切り
- 手でちぎったもの
- せん切り

 ## オクラ

 ## ラディッシュ

- 斜め薄切り
- 縦半分
- 小口切り

- 茎の根元を残して四つ割り
- 輪切り
- 細切り

95

スタイリング・レシピ・調理
植木俊裕（うえきとしひろ）

長野県出身。グラフィックデザイナー時代に培ったセンスで、自身のインスタグラム（@utosh）でのおしゃれな料理とスタイリングが話題に。人気のハッシュタグ「#とりあえず野菜食」を発案し、たくさんのユーザーからの投稿を集める。著書に『とりあえず野菜食BOOK』（学研プラス）がある。現在自ら惚れ込んだ暮らしまわりのグッズを扱うウェブショップ「TREE&TRUNK」を運営。

TREE&TRUNK　http://treeandtrunk.com/

盛りつけエブリデイ

2017年9月14日　初版発行

著者	植木俊裕（うえきとしひろ）
発行者	川金正法
発行	株式会社KADOKAWA
	〒102-8177　東京都千代田区富士見2-13-3
電話	0570-002-301（ナビダイヤル）
印刷所	凸版印刷株式会社

本書の無断複製（コピー、スキャン、デジタル化等）並びに無断複製物の譲渡及び配信は、著作権法上での例外を除き禁じられています。また、本書を代行業者などの第三者に依頼して複製する行為は、たとえ個人や家庭内での利用であっても一切認められておりません。

KADOKAWA カスタマーサポート
［電話］0570-002-301（土日祝日を除く10時～17時）
［WEB］http://www.kadokawa.co.jp/（「お問い合わせ」へお進みください）
※製造不良品につきましては上記窓口にて承ります。
※記述・収録内容を超えるご質問にはお答えできない場合があります。
※サポートは日本国内に限らせていただきます。

定価はカバーに表示してあります。
©Toshihiro Ueki 2017　Printed in Japan
ISBN 978-4-04-896052-6　C0077

撮影	邑口京一郎
ブックデザイン	伊藤健介
イラスト	吹野かおり
校正	根津桂子　新居智子
編集	中野さなえ（KADOKAWA）